DER ZEIT IHRE KUNST,
DER KUNST IHRE COUCH

Meinhard Rauchensteiner

DER ZEIT IHRE KUNST, DER KUNST IHRE COUCH

Mit einem Bidnis des Autors

Metroverlag

Was man mit einer Auster im Mund zwischen Aperitif und Dessert über Kunst sagen könnte – Und was danach zu tun bleibt.

„Der Autor im New Yorker Metropolitan Museum angesichts von Damien Hirts *„The Physical Impossibility of Death in the Mind of Someone Living"*

Inhalt

Über den Umgang mit Kunst

Beichten ist rhetorisch unklug, wirkt aber angeblich befreiend. Darum eines vorweg: Der Titel des Buches führt in die Irre. Diese infame Strategie teilt er sich mit anderen Produkten der hehren Wortschmiedekunst, wie etwa dem „Ulysses“ von James Joyce, der von einem irischen Juden namens Leopold Bloom handelt und nicht von einem griechischen Segelprofi, der Odysseus heißt; oder mit der „Göttlichen Komödie“, die keine Komödie, ja nicht einmal ein Drama ist. In positiver Abgrenzung zu Dantes Bestseller kommt im vorliegenden Büchlein immerhin eine Couch vor; wenngleich nicht jene, die vor mehr als hundert Jahren ihren Siegeszug durch das kollektive Bewusstsein und das kritische Feuilleton angetreten hat und mit der Adresse Berggasse 19 so eng verbunden ist, wie das Schmalz mit dem Brot. Mit anderen Worten: die Couch, die hier ihr Dasein fristet, ist nicht jene, die einst im neunten Wiener Gemeindebezirk der guten aber hysterischen Gesellschaft als Grundlage für die Erforschung der eigenen Kindheit und anderer Kindereien diente und die

Sigmund Freud nach vielen Versuchen zur Erleichterung der von ihm angeordneten Rückenlage und dem „willentlichen Verschluss der Augen“ zur besseren „Konzentrierung“ seiner Patientin Lucy R. in die Welt der Wissenschaft eingeführt hatte.

Mit dieser Enttäuschung muss das Büchlein leben – und mit ihm die Leserinnen und Leser. Dies wiegt umso schwerer, als ja gerade der bärtige Deutungsmeister selbst die Kunst nicht ungern auf seiner Couch Platz nehmen ließ, um Giganten wie Leonardo da Vinci oder Michelangelo Buonarotti einmal deutlich zu sagen, was denn ihr Werk im Innersten begehrt.

Auf den folgenden Seiten, das gilt es einzugestehen, wird geplaudert, schwadroniert, geplänkelt. Dies und jenes zu diesem und jenem gesagt, gelobt, geschimpft, frei von der Leber weg. Und damit, so könnte man meinen, eben das genaue Gegenteil von der ernsthaften wissenschaftlichen Anstrengung in Szene gesetzt, die Sigmund Freud zeit seines Lebens vorschwebte. Aber ganz so schlimm ist es dann auch wieder nicht, wenn man mit ins Kalkül zieht, dass der große deutsche Philosoph Theodor W. Adorno die psychoanalytische Praxis – also die Erkenntnis durch zwangloses Reden auf der Couch – durchaus mit dem „Gequatsche der Schwiegermutter“ verglich. Nun ist den wenigsten mehr die Schwiegermutter Adornos als solche im Gedächtnis geblieben, auch nimmt sie in seinen übrigen Schriften keinen dominanten Platz ein. Analogieschlüsse von der eigenen auf die seine allerdings lassen erahnen, worum es ihm gegangen sein mag.

Und ebenso analog kann man zu Recht eine Vermutung über den Gegenstand des vorliegenden Buches anstellen: nicht die letzten Wahr- und Weisheiten über das Wesen der Kunst sind sein Thema, sondern einige Aspekte über das alltägliche Leben mit Kunst. Denn ob wir es wollen oder nicht, kaum eine Handlung des Alltags findet heute in einem kunstfreien Raum statt. Die Werbung bedient sich der „Ikonen“ der Kunst in geradezu exzessivem Ausmaß, sei es irgendeiner alabasterbleichen Venus, irgendeiner rätselhaften Mona Lisa, irgendeines Picassos oder sonst etwas zwischen Erotik und Exotik. Kunst ist allgegenwärtig, öffentlich wie privat. An lauten Plätzen wie an stillen Orten. Denn selbst wenn einmal besonders abgeschieden ausgeschieden wird, ist sie da: Kaum hat man sich's gemütlich gemacht, kann man nicht umhin, zu bemerken, dass die Sitzgelegenheit von Stardesigner Philippe Starck entworfen wurde. Samt Spülung. Dass auf dem WC-Papier Monets Seerosen zu entdecken sind und von der Wand, ja von der Wand ein Kalender mit Drucken von Egon Schiele lacht. Und die Beleuchtung, ja sie muss wohl aus Butzenfenstern á la Tiffany bestehen. Und wer wollte sich am Ursprungsort der Wiener Werkstätte anmaßen, das Kunsthandwerk aus dem Reich der Kunst zu verstoßen? Diese Allgegenwart schlechter Reproduktionen und der Kunst als Massenware prägt freilich auch die Haltung gegenüber jenen Produkten, die ihr Dasein in Museen fristen. Dass also – im Bewusstsein der Kunstdurchdringung jedes Lebensbereiches – nicht erwartet werden kann, dass die Besucherin oder der Besucher einer Ausstellung vor einem von Plexiglas umhüllten Staubsauger ehrfürchtig erstarren, versteht sich von selbst (das machen sie erst, wenn sie erfahren, dass das Objekt von Jeff Koons stammt). Eben auch davon handelt dieses Buch.

Was die folgenden Seiten jedenfalls NICHT bieten, ist ein Erster-Hilfe-Kurs in Sachen Kunst. Den gibt es zwar auch schon, wie es ja für alle Lebensbereiche und Situationen schon Anweisungen gibt, und kaum noch jemand wagt, einen Apfel zu essen, ohne sich vorher vergewissert zu haben, wie man zu beißen habe, mit welchen Vitaminen man in Berührung kommen wird und welche Auswirkungen auf das Zahnfleich zu befürchten oder zu erhoffen sind. Kunst benötigt keine Erste Hilfe, sie ist die Erste Hilfe, ganz so, wie es auf einem Bild der österreichischen Malerin Zenita Komad heißt: „Art is a doctor“.

Wovon handelt dieses Buch sonst noch? Diese Frage hat sich bis dato noch nicht wirklich beantworten lassen. Um falsche Erwartungshaltungen – also gleichsam Haltungsschäden – frühzeitig zu korrigieren, sei nur hinzugefügt, dass trotz aller Kritik am elitären Zugang zur Kunst nicht der Van-Gogh-

Tapete das Wort geredet werden soll und auch nicht, bei aller Liebe zum Kunsthandwerk, der begehrten Praxis diverser Einrichtungshäuser, Salzstreuer wie Karotten, Schweine, Weihnachtsmänner oder Teddybären aussehen zu lassen. Kunst hat am Esstisch überhaupt nur etwas auf dem Teller zu suchen. Was auch so genau nicht genommen werden darf, denn hin und wieder, ab und an, landet der Esstisch in weiterer Folge an der Wand und wird selbst zum Kunstwerk. Und damit ist keine Anspielung auf eine turbulent verlaufende Diskussion ehelicher oder außerehelicher Gesprächspartner gemeint. Sondern etwa Daniel Spoerri, der mit seinen berühmten *Tableaux pièges* Essensreste samt Tellern, Gläsern und Besteck konservierte und eben als Kunstwerke an die Wand heftete. Das alte Wort Tafel-bild erlangt dadurch glatt eine weitere Bedeutung.

Doch so, wie der wunderbare Prediger Salomo schon wusste: „Es gibt nichts Neues unter der Sonne“, so hat auch Daniel Spoerri einen prominenten Wegbereiter seiner „EAT ART“ in Gestalt des frühbarocken Meisters malerischer Dramatik, des Mailänders Michelangelo Merisi da Caravaggio. Dieser soll, so geht die Mär, oft monatelang ein und dasselbe Tischtuch für seine üppigen Gelage in Verwendung gehabt haben, um sie in Folge, bekleckert und verdreckt, auf den Keilrahmen zu spannen und als Malleinwand zu verwenden. Intensität und Dramatik seiner Darstellungen will an diese kulinarische Herangehensweise gerne glauben.

Essen ist jedenfalls viel eher Kunst, als dass ein Unternehmen eine „Philosophie" haben könnte. Und dies ist nicht erst seit den Herzrhythmusstörungen des Kapitalismus evident.

Aber auch „ex negativo", also als Essensverweigerung, spiegelt sich die Relevanz der Nahrung für den Umgang mit Kunst wider, wie dies etwa Ernest Hemingway beschreibt, der in jungen Jahren die Museen in Paris aus Geldmangel hungrig besuchte und daraus einen ästhetischen Mehrwert zog. Ja, er verstieg sich zu dem Eingeständnis, dass er Cezanne erst hungrig „wahrhaft sehen" und „richtig verstehen" lernte. Und, was lernen wir daraus? Dass sich Bauch und Kopf verkehrt proportional zueinander verhalten. (Jetzt nur nicht kompliziert werden, Sie!)? Oder: Hungrig schauen und beim Essen darüber reden!

Wer nun den Eindruck gewinnt, es könnte auf den folgenden Seiten auch ums Essen gehen, liegt nicht ganz falsch. Genau genommen, um die Kunst, eine Esseneinladung halbwegs würdevoll mit Gesprächen über Kunst zu bestreiten. Und gemäß der alten asiatischen oder sonstigen Weisheit, dass ernste Fragen nur zwischen Nachtisch und Dessert besprochen werden dürfen, ist kaum bayerischer Bierernst zu erwarten. Bier eigentlich ganz generell nicht, denn dieses eignet sich allemal für Wirtshäuser, Feuerwehrfeste, politische Kraftmeierei, kaum aber für ein Abendessen, das diesen Namen verdient.

Der Ehrlichkeit halber muss schließlich noch hinzugefügt werden, dass diese Einleitung noch vor dem restlichen Korpus des Buches verfasst wurde, (was nicht ganz stimmt, aber das muss ja nicht jeder wissen). Es ist also eher ein Programm, weniger ein Vorwort. Und da fällt einem naturgemäß auch schon Alfred Polgar ein, der meinte: „Nur keine Programme machen. Programme sind treulos." Nun denn; aber einmal unter uns: Wer braucht schon Treue? Und wer Programme? – Es sei denn, im Theater.

Es wäre nun aber durchaus falsch, das unverfängliche Parlieren in Gesellschaft als überflüssig oder unwichtig abzutun. Sowohl das Gequassel auf der Couch wie jenes an der Bar sind auch erkenntnistheoretisch nicht zu unterschätzen. Der gehobene Smalltalk ist nicht zuletzt die Wiege der europäischen Philosophie, wie sie mit Platon anhebt und über die Renaissance bis zur Gegenwart noch fortdauert, wo sie speziell in Frankreich zum Standardrepertoire geistreicher Intellektuellenliteratur zählt. Bereits die grundlegende antike Theorie der Liebe, entfaltet in Platons Schrift „Symposion", handelt von einem Haufen verkaterter Griechen, die beschließen, ausnahmsweise einmal nicht zu saufen, sondern zu reden (– was hätten wir uns erspart…). Und so sitzen sie dort, besprechen, was man gegen Schluckauf unternehmen kann oder entwerfen kunstvolle Theorien über Kugelmenschen. Und schließlich, entgegen den guten Vorsätzen, saufen sie doch bis in den Morgen. Und noch der wunderbare „Cortegiano", der „Hofmann", ein nachhaltig wirksames Buch über Lebensart und Hofkultur der Renaissance, des ebenso wunderbaren Baldassare Castiglione – den Raffael so wunderbar malte, wovon man sich im wiederum wunderbaren Musée du Louvre überzeugen kann – ist nichts anderes als eine Aneinanderreihung geistreicher Gespräche bei Tisch oder nach Tisch.

Das zeitgeistige Plaudern bei einem beruhigenden Glas Wein und einem wehrlosen Lachsbrötchen muss also nicht notwendigerweise in Geplänkel über die besten Golfplätze und die mühevollen Liebschaften mühsamer Staatssekretäre münden. Man kann seine Zeit auch geistvoller vergeuden. Ob daraus dann einmal eine kleine oder große Epoche in der Kulturgeschichte erwächst, ist eine legitime Überlegung, weiß man allerdings am nächsten Tag und auch nach zwei Aspirin noch nicht.

Vielleicht aber lässt sich die Frage beantworten, ob das Bild zur Couch passt oder ob doch besser eine neue Couch angeschafft werden muss. Oder, ob diese Frage nur mehr dazu existiert, um irgendwann nicht mehr zu existieren. Und so zum Sinnbild menschlichen Lebens zu werden.

Kunst und Kaviar

Wer kennt sie nicht, die wunderbaren Einladungen zu kleinen Empfängen, geselligen Gesprächsrunden oder, wenn das Schicksal gar keine Gnade kennt, gesetzten Abendessen. Sie trudeln ins Haus, der Termin ist fern und schon tappt man in die Falle und sagt zu. Der Tag naht, an dem die Zusage eingelöst zu werden hat und damit wandelt sich die zunächst naiv verklärte Vorstellung der Biedermeierlichkeit eines unter Freunden zu verbringenden Abends in ein dunkel-romantisches Szenario à la Gustave Doré. Mit jeder Stunde bedrohlicher wirken Einladungskarte und Vorstellung. Aus dekorativen Tapeten steigen Monster mit gespaltener Zunge oder geschlitztem Sakko, steinerne Gäste mit wenig Hang zu Vergebung und Nachsicht. Was Thomas Bernhard in seinem seinerzeitigen Skandalroman „Holzfällen" als „künstlerisches Abendessen" der Lächerlichkeit preisgab, ist, wie so manches in seinen Büchern, viel zu wirklich, um als Fiktion abgetan werden zu können. Und nicht immer ist es einem vergönnt, wie Bernhards Protagonisten, in einen „Ohrensessel" zu fliehen und das Treiben still aber stetig zu beobachten. Und nicht immer besucht man einen Stehempfang mit seiner unabweislich liberalen Möglichkeit zur unbemerkten Flucht ins Freie. Oft findet man sich an einer Tafel wieder, im schlimmsten Fall bei einem gesetzten Essen mit Placementspiegel, jenem gefürchteten Tableau, auf dem mit Steckkärtchen die Sitzordnung bei Tisch bestimmt und unerbittlich festgehalten wird, wer denn wo, neben wem zu sitzen habe. Und wer daher mit wem zu sprechen habe. Placement und Purgatorium sind durchaus nahe Verwandte. Nach einem flüchtigen, idealerweise leicht desinteressierten Blick auf die Sitzordnung stellen sich unweigerlich Fragen nach Kenntnis oder Unkenntnis der Tischgenossinnen und -genossen ein. Kenne ich die oder den? Wenn ja, woher? Warum? Duzen? Siezen? Wie grüßen? Die Flucht nach vorne in die dreiwertige Logik, zum unentscheidbaren, ebenso flapsigen, wie unverbindlichen „Hallo!“ antreten, wo sich jeder aufgehoben aber niemand zu Hause fühlt? Immerhin hat sich beim ersten Gang eines Dinners schon die peinigende Frage geklärt, die den gesamten Aperitif hindurch die Gemüter bewegt hat: Wo komme ich zu sitzen? Ist es genau vis-à-vis des Gastgebers? – Dann steht zu erwarten, dass man, als Ehrengast, auf eine Tischrede wird antworten müssen. Und neben wem? *Vor allem*: neben wem? Denn irgendwann, wie Marcel Proust so treffend schreibt, ist man „an jenem Punkt des Dinners angelangt, an dem die Nachbarn das Knie der Nachbarin berühren oder sie über Ihre literarischen Vorlieben ausfragen, je nach Temperament und Erziehung, vor allem aber je nach Nachbarin." Tja, Kommunikation diente stets gerne als freiwillig, oder weniger freiwillig, gewählte Alternative zur unerfüllten oder nicht vorhandenen erotischen Dimensionen des Daseins. Romantik oder Roman? Wo es nicht zwischenmenschlich knistert, hilft allemal ein Buch. Oder ein Bild. Und eben das Gespräch darüber. Das hat der Herr der Couch, Sigmund Freud, früh erkannt und zum Programm erhoben. Triebaufschub als Antriebsmotor der Kulturentwicklung. Nur wer entbehrt, kann ernten, so lautet das Paradoxon der schönen Künste. Oder so ähnlich.

Von der entwicklungsgeschichtlich, Ehrfurcht gebietenden Rolle solcher Kompensation abgesehen, lässt sich heutzutage auch ein unablässiges Rauschen bemerken, gegen das sich das Gequassel der Schwiegermutter harmlos ausnimmt. Im Zeitalter globaler Kommunikation wird alles besprochen, beredet, zerredet. Man gewinnt den Eindruck, dass die Dinge existieren und sich die Ereignisse ereignen, einzig, um zum losen Bezugspunkt einer unendlichen Kommunikation zu werden. Dass diese sich der sozialen Verträglichkeit wegen oder aufgrund beschränkter Kapazitäten in Phrasen ihren Weg bahnt, ist lange schon kein Geheimnis mehr. So gilt daher auch, dass Kunst ohne Kommunikation letztlich an einem Phantomschmerz zu leiden scheint. Was zählt sie denn schon, diese Kunst, ohne Kommunikation, die ihrerseits in bürgerlicheren Zeiten auch noch Konversation genannt wurde. So, als Konversation, taugte sie zwar nicht zur Wissenschaft, immerhin aber dazu, jene Lexika hervorzubringen, die seit dem Antreten von Wikipedia auf der Bühne des Halbwissens endgültig abgedankt haben und das Bücherregal nicht mehr verlassen. Bestenfalls warten sie darauf, dass ein globaler Kurzschluss das WWW lahm legt. Die Nachrufe auf Brockhaus und Kollegen werden nur noch im Internet veröffentlicht.

Wetter, Fußball, Kunst

Gehen wie einmal davon aus, dass sowohl Erziehung wie auch Neigung das Berühren des nachbarlichen Knies verbieten, und Formen der Sublimierung erforderlich werden wie Essen und Reden. Ums Essen muss man sich nicht kümmern, der Weißwein ist schon vorgeschenkt, die Platzteller werden eben abserviert. Was bleibt, ist die Frage: Worüber soll man sich ebenso angeregt wie locker, mäßig engagiert und ohne große soziale Folgekosten unterhalten?

Kunst ist hier ein ideales Gesprächsthema. Kaum jemand kennt sich darin aus und es geht auch um nichts. (Wenn man einmal von den Künstlern absieht, die davon leben – recht und meist schlecht – und vor allem vom Kunstmarkt – der auch davon lebt, dem es allerdings in erster Linie nur um schnöde, profane, aber einträgliche Nebenaspekte des Kunstwerks geht; etwa jenen, dass es, ohne einen Gebrauchswert zu besitzen oder besitzen zu müssen, jedenfalls über einen Tauschwert verfügt und daher zwar nutzlos ist, aber gut verkauft werden kann.) Das hat die Kunst mit dem Wetter gemeinsam, unterscheidet sie aber dramatisch vom Fußball; dort geht es auch um nichts, aber jeder kennt sich aus.

Also: Her mit den kleinen Bildern, den Gedichten, den Menuetten, Skulpturen; oder, wenn es ganz bürgerlich zugeht: mit Oper und Theater. Besonders diese beiden letzten, das Theater und die Oper, verfügen über ein hohes Potenzial an kommunikativem Zeitvertreib. Mehr noch als in anderen Kunstformen, ist ein Urteil ohne großen Aufwand zu haben und befindet sich rasch in bester Gesellschaft. Dies fiel auch Karl Kraus auf, der die Erkenntnis in die Formulierung packte: „Die einzige Kunst, vor der die Masse ein Urteil hat, ist die Kunst des Theaters. Aber eben nur die Masse." Und ist es nicht so? Selbst der hartnäckigste Sesselkleber entflieht dem „Amt" nach Dienstschluss mitunter ins Konzert oder Theater, denn da lässt es sich frühabends trefflich entspannen, also schlafen .... – Die Träume während der letzten Premiere von *La Bohéme* waren immer schon ein begehrtes Gesprächsthema.

Vorsicht ist jedenfalls dabei geboten, in Gesellschaft über Fußball zu sprechen. Fußball ist erstens das Bier unter den Sportarten und damit kaum geeignet, eine Unterhaltung auf mittelmäßigem Niveau zu halten, zweitens bietet es ausreichend Potenzial für Streitigkeiten, deren Ausgang ungewiss ist. Die Gefahr, dass das Interesse an der Jagd nach dem runden Leder die Salons der besseren Gesellschaft erfasst, ist zwar nicht neu, erlebte aber nach Jahren der Dürre zunehmend wieder jenen Zustand fetter Blüte, der aufgrund biblischer Präzedenzfälle aus dem 1. Buch Mose weiter nicht verwundern darf. Und der, zumal in einem katholischen Land, für jede Form des sozialen Aufstiegs nicht irrelevant ist. In vollem Umfang existiert diese soziale Rehabilitierung, seit es selbst in den doch so ungeheuer kritischen Intellektuellenkreisen wieder in Mode gekommen ist, über Fußball zu sprechen. Auch zum Heurigen darf man wieder gehen und sogar Krimis lesen. Ja es ist geradezu ein „must“, in einem durch Gedanken und Zigarettenrauch schwangeren Café auch den Kriminalroman zu seinem Recht kommen zu lassen. – Ein Phillip Marlowe Roman von Raymond Chandler in der Übersetzung von Hans Wollschläger, das bietet viele Anknüpfungspunkte für den rastlosen Intellekt. Auch Patricia Highsmith kann man diesbezüglich empfehlen, übersetzt von Peter Handke vielleicht, der seinerseits doch so wortreich von der Angst des Tormanns beim Elfmeter schrieb. – Dennoch (wenn wir uns wieder dem „künstlerischen Abendessen“ zuwenden), so wie es kein Bierglas bei Tisch geben soll, so auch keinen Fußball. Sollte trotzdem wider jede gastrosophische und gehobene soziale Vernunft dieses wie jenes unbedingt gefordert sein, so ist es diskret und ohne allzu großes Aufhebens darum zu machen abzuhandeln. In punkto gute Sitten darf man sich nicht gehen lassen. Weder bei Tisch, noch beim Sport oder bei der Kunst.

Zierrat und Zitat

Ein gewisser, durch falsch verstandene Liberalität in Verruf gekommene und so sprichwörtlich gewordene Adolph Freiherr von Knigge riet im Jahre 1790 davon ab, sich bei Gesprächen über Kunst auf fremde Autoritäten zu berufen und solcherart zu prahlen, zu zitieren und sich mit fremden Federn zu schmücken. „Das mittelmäßigste selbst Gedachte und mit Überzeugung Gefühlte ist für uns mehr wert als das Vortrefflichste, das wir bloß nachlallen." Klingt das nicht ganz nach Herrn Immanuel Kant, der zeitgleich die Ziele der Aufklärung in die Worte fasste: „Habe Mut, dich deines eigenen Verstandes zu bedienen!" Ist Zitieren also verschmockt bildungsbürgerlich, gegenaufklärerisch, gar reaktionär? Treibt es einen zurück in Despotie, Autoritätshörigkeit, selbstgewählte Unmündigkeit? Oder war das ja gar nicht so gemeint? Denn, wiederum Herrn von Knigge zufolge und ihn beim eben zitierten Wort nehmend, wer nur noch in der Lage ist, Zitate nachzulallen, gibt auch die eigene Überzeugung aller Voraussicht nach nur noch lallend von sich. Und stellen Überzeugungen nach Dienstschluss an sich schon eine gewisse Zumutung dar, wie sehr erst gelallte? Es handelt sich also eher um eine Frage des Alkoholpegels, was umso überzeugender scheint, als der gute Freiherr an anderer Stelle ein Glas Wein als durchaus schickliche Aufputschdroge auch in Gesellschaft empfiehlt. Ja, sich sogar dahin versteigt, dass die Heiterkeit einer Gruppe von Menschen, zu der man erst später hinzustößt es geradezu sozial verpflichtend erscheinen lässt, das versäumte Quantum Alkohol rasch aufzuholen. Die Lehre, die daraus zu ziehen ist, liegt auf der Hand und wäre unter Umständen auch ohne Herrn Knigges wohlgemeinten Ratschlag plausibel erschienen: Keine Zitate im Zustand beginnender Volltrunkenheit von sich zu geben. Nüchtern hingegen ist ein Zitat allemal besser, als das vom aufklärerischen Freiherrn apostrophierte mittelmäßig selbst Gedachte....

Man mag's nun drehen und wenden, wie man will, unbestritten kann die Kenntnis der Kunst-, Kultur- und Literaturgeschichte ein erster Schritt sein, die Leere im Kopf zu besiegen. Dies auch umso mehr, als ein Mindestmaß an fachspezifischer Eloquenz den gesellschaftlichen Wert einer Person ungeheuer zu steigern vermag. Auch in Kunstdingen. Mit dem Ausruf: „Picasso finde ich einfach wunderbar!“ kann ein Gespräch auch schon beendet sein, bevor es begonnen hat. Diesem Missstand lässt sich im Zeitalter von Google allerdings leicht abhelfen. Binnen weniger Stunden avanciert der kulturelle Minderleister zum Experten; oder zumindest doch zum eloquenten Vertreter digital fragmentierter Bildungsbürgerlichkeit. Deren legitime Ausdrucksform ist das Zitat, zumal das Kunstzitat. In ihm wandeln sich Gedankenfetzen zu Geistesblitzen, lapidare Kommentare zu ewigen Wahrheiten, und noch die müdeste Sentenz erlangt die höheren Weihen eines Orakelspruches, wenn sie nur von der richtigen Person seinerzeit getätigt wurde. „Zitieren, imponieren, triumphieren!“ ist im Kunstbereich mindestens so notwendig, wie „Macchiavelli für Manager“ in diversen Chefetagen oder „Hesse für Gestresste“ auf dem Flug nach Goa.

Kunst kommt von Können

Eine der höchsten Formen, sich zur Kunst zu äußern, besteht in der Provokation, die ja selbst häufig als Gestaltungsprinzip in die Kunst Eingang gefunden hat. In der Kunst ist das erstaunlicherweise noch immer recht einfach: Die Londoner Verkehrsbetriebe wollten ein Plakat mit Lukas Cranachs Bildnis der Venus nicht affichieren, da sie durch die 500 Jahre alte Darstellung der blassen, schmalen und – oh, Götter des Olymp, steht uns bei – nackten Göttin eine mögliche sexuelle Verstörung der Verkehrsteilnehmer befürchteten. Als in Bozen 2008 ein gekreuzigter Frosch von Martin Kippenberger gezeigt wurde, kam es, weil ja auch der Heilige Vater in Südtirol seinen Urlaub verbringt (und überhaupt) schließlich zur Verhüllung der gequälten Holzkreatur. Kurz darauf wurde im Wiener Dommuseum eine Darstellung des Letzten Abendmahles von Alfred Hrdlicka entfernt, weil der Druck angeblich US-amerikanischer Katholiken das erzbischöfliche Palais in den Grundfesten zu erschüttern drohte. Besonders lehrreich auch die seinerzeitige Verhüllung der

Wiener Kunsthalle mit hunderten türkischen Fahnen (diesmal war das Verhüllen das Kunstwerk selbst und nicht wie bei Kippenbergers Reptil dessen Verbergen), was dazu führte, dass deren Direktor von allzu patriotisch Gesinnten des „pädophilen Aktionismus" bezichtigt wurde. Eine Bezeichnung, die das Straflandesgericht übrigens als zulässiges Werturteil ansah, nicht als Unterstellung einer strafbaren Handlung.

Verglichen mit einem derart ideal aufbereiteten Feld an Ignoranz, verletzter Eitelkeit, Reaktion und Dummheit (um rein sachliche Begriffe zu verwenden), ist es im Kunsttalk wesentlich schwieriger, das gewünschte Ergebnis ungeteilter Aufmerksamkeit zu erzielen, sprich zu provozieren. Wer kann sich schon als Kenner oder Kennerin ausgeben? Wer will's? Besser und allemal unterhaltsamer ist es, das Gegenüber oder „Nebeneinem" aus der Reserve zu locken. Zumal, wenn die Vorspeise zu wenig gesalzen wurde. Den absoluten Höhepunkt solcher Anstrengung bildet hier die Aussage: „Kunst kommt von Können": Dies ist gewissermaßen der Provokations-Ferrari. Oder

-Lamborghini, je nach dem (andere Sportwagenfirmen sind erlaubt, bitte kein Kleinwagen mit eingebautem Kindersitz, das wäre der Thematik nicht angemessen!). – Und gleichzeitig auch der Prüfstein, an dem abgelesen werden kann, ob sich jemand als Kunstliebhaber und Kunstkenner versteht, oder eben nicht. Beides birgt Risken in sich. Drohen die einen in einen Jargon zu verfallen, der Biochemiker, Experimentalphysiker und Molekularbiologen zu sprachlichen Populisten stempelt, können sich die anderen erst gar nicht für das Thema erwärmen, weil Kunst ein Handicap darstellt, dem mit einem Golfschläger nicht beizukommen ist und übrigens schwerer verdaulich als ein Tofulaibchen bleibt. Im letzteren Fall ist es ratsam, das Thema generell wieder fallen zu lassen, die Konversation könnte sonst an Spannung, Dichte und Brisanz jene zum Thema Wetter erreichen. Im ersten Fall allerdings, darf man als spontane Reaktion zumindest das Klirren einer schweren, silbernen Gabel erwarten. Denn mit der Aussage „Kunst kommt von Können" trifft man die Achillesferse, den wunden Punkt, das Siegfriedsche Schulterblatt und andere hochempfindliche

Stellen, die mythologisch und idiomatisch (was, das auch?) weniger elegant belegt sind. Kunsthistoriker wie etwa Otto Antonia Graf polemisieren daher auch nur allzu gerne gegen diese Herleitung: „Das ‚Können', von dem fälschlicherweise die Kunst hergeleitet wird, hat sich im Herrendienst, Bürgerdienst oder sonstigen erbaulichen, ‚konstruktiven' Diensten auszuweisen." Und rasch ist die Formulierung und in weiterer Folge der Sprecher als „kleinbürgerlich, feig, verlogen und unfrei" disqualifiziert. – Sonst noch was? Wieso aber, verdammt noch einmal, darf „Kunst" nicht von „Können" kommen? Ist „Können" der Aussatz, die Akne, die Lepra der Kunst? Stimmt, was Auguste Rodin meinte, als er sagte: „Das technische Wissen und Können ist alles, aber gerade das will kein Mensch glauben. Man will lieber an etwas Außerordentliches, an etwas Übermenschliches glauben, als sich der Wirklichkeit fügen. Technisches Wissen, langsame und überlegte Arbeit, das sieht natürlich nicht so schön aus wie die Inspiration, das macht weniger Effekt; aber doch sind hier die einzigen Grundlagen der Kunst."

Kunst als Jagdgewehr

Schauen wir uns das kurz näher an: Das Entsetzen, dass Kunst von „Können“ kommen könne, rührt wohl daher, dass sofort angenommen wird, dass sich Kunst einzig über handwerkliches Können definiert, also eine „unfreie“ Tätigkeit darstellt. Sie rekurriert damit auf eine durchaus reale historische Erfahrung, die den Künstler stets in dienender Funktion kannte und sehen wollte. Am Hof der Kaiser und Päpste, kleiner Fürsten und zu Vermögen gelangter Bürger. Der Boden wird verlegt, der Garten gestaltet, die Wand verziert. Mehr soll's, ja um Himmels Willen, mehr darf's nicht sein! So wie beim Maurer, Elektriker, Installateur, Rauchfangkehrer oder so, die eben ihr Handwerk verstehen sollen, rasch, billig, nett, unauffällig, nicht zu oft und ohne die Anfahrtskosten zu verrechnen; und eines sollen sie eben auch nicht: künsteln. Alles, nur das nicht! Folgerichtig schrieb Oscar Wilde, dass der Künstler, der sich nach den „Bedürfnissen und Wünschen der anderen richtet und sie zu befriedigen sucht“, zum „langweiligen oder amüsanten Handwerker“ werde. Und an anderer Stelle fügt er ebenso dandyhaft wie lapidar hinzu: „Alle Kunst ist unnütz." „Kunst kommt von Können" ist daher so verpönt, weil es das Kunstwerk mit einem Elektrokasten oder einer Waschmaschine gleichsetzt. Und dieses Missverständnis ist tatsächlich weit verbreitet. Selbst der in erdiger Erhabenheit verankerte Martin Heidegger schrieb: „Das Bild hängt an der Wand wie ein Jagdgewehr oder ein Hut." Klug verschweigt er, dass das Bild dort auch hingehört.

Singen, pfeifen, klecksen

Ein weiterer Umstand für die Vorbehalte gegen die Herleitung der Kunst aus dem Können liegt sicherlich auch darin, dass diese häufig dazu verwendet wird, Künstlern das handwerkliche Können abzusprechen. War zunächst die Formel eine Reduktion künstlerischen Schaffens auf das Handwerkliche, so ist es nun das Gegenteil. Monochrome, flächige Malerei, soziale oder Konzeptkunst machen es leicht, am Dargebotenen das zu vermissen, was erwartet wird: Artistisches, augenfällig Staunen Machendes. Zumal, beim Besuch von Ausstellungen zeitgenössischer Kunst ist diese Unterstellung in ihrem Element. „Das kann ich auch", raunt da der eine dem anderen zu, und nur vorsichtige, selbstkritische Banausen hüllen den Ausspruch ins sanfte Kleid eines Konjunktivs: „Das könnte ich auch". Ja, wenn man einen nur ließe, wenn man nur Lust dazu hätte, ja dann würde man auch die Farbspritzer auf einer Leinwand verteilen, und besser noch als dieser Pollock. Aber schließlich ist man ja Filialleiter und geht einer ernsthaften Tätigkeit nach. – Bei allem Verständnis für die Kunst! Zu guter Letzt hat doch auch schon Knigge gemeint, dass, wer „die schönen Künste zu seinem einzigen Berufe gemacht hat, selten noch Geschmack an ernsthaften Geschäften findet." Aber immer könne man schließlich auch nicht „singen, geigen, pfeifen und klecksen". Na eben!

Langer Rede, kurzer Sinn: der Satz „Kunst kommt von Können" stellt eine *No-Win-Situation, eine Lose-Lose-Situation* dar und ist der direkte Weg ins Banausentum. – Alleine aber schon deswegen eine wertvolle und nicht zu verachtende Kommunikationshilfe. Binnen weniger Sekunden ist man als reaktionär, ignorant oder ähnlich charmant abgestempelt. Aus dieser Position heraus ergeben sich die lustigsten Gespräche.

Kunst kommt – aus dem Wörterbuch

Was aber steckt dahinter? Wortgeschichtlich kommt Kunst tatsächlich von „können“ und zählt somit zu den substantivierten Verben. In zahlreichen Redewendungen ist diese Herkunft auch heute noch gegenwärtig, selbst in Buchtiteln wie „Zen – in der Kunst des Bogenschießens“ (oder jene, ein Motorrad zu warten) findet sie sich wieder und stellt eben genau keine Erweiterung der Bedeutung dar. „Können“ aber wiederum – und damit „kann“ man nun wirklich Eindruck schinden und so das zuvor entstandene Bild des Ignoranten aus der Defensive heraus ins Positive wenden – stammt aus einem althochdeutschen Bedeutungsfeld, das mit „gebären“ und „anerkennen“ (ein Kind als sein eigenes anerkennen) in Beziehung steht. Von daher schließlich ist der Schluss zulässig, dass Kunst nicht nur wortgeschichtlich, sondern auch seiner Bedeutung nach zu Recht von Können kommt, da die Kunstproduktion doch stets gerne mit jener von Kindern verglichen wird.

Und schon ist man vom belächelten Idioten zum feinsinnigen Humanisten geworden. So schnell kann's gehen. Gefasst freilich muss man dennoch auf einiges sein. Denn so schnell gibt sich die gegnerische Seite nicht geschlagen.

Kunst kommt von Müssen

Man wird, das steht beinahe zu erwarten, Arnold Schönberg ins Treffen führen, der ebenso apodiktisch, wie nüchtern formulierte: „Kunst kommt nicht von Können, sondern von Müssen." – Ob das sprachgeschichtlich hält, bleibt zu bezweifeln. Nicht zu bezweifeln ist hingegen, dass sich Schönberg mit seiner Stellungnahme im Umfeld zweier Mitstreiter bewegte: Adolf Loos und Karl Kraus, die ebenfalls das Zwingende, das Notwendige in jeder Kunst zur Maxime künstlerischen Schaffens erhoben hatten. Polemisch wandte Kraus daher gegen die behübschende, dekorative Architektur seiner Zeit ein, dass sie „aus der richtigen Erkenntnis einer fehlenden Notwendigkeit" das Überflüssige erschaffe. Aber auch das muss man erst einmal „können". Schönberg darf man zu Gute halten, dass die innere Notwendigkeit nicht das schlechteste Motiv für künstlerisches Schaffen ist. Ihm entgegenzuhalten ist, dass diese Notwendigkeit alleine das Kraut noch nicht fett macht. Wie viele Maler, Schriftsteller, aber auch Musiker kennt man, deren innere Notwendigkeit zur Kunst einen eher verheerenden Blick in ein mittelmäßiges Inneres gewähren! Wenn Kunst einem Müssen entspringt, dann sollte man es denn auch von der anderen Seite her denken, aus der Sicht des Betrachters eines Bildes, des Hörers einer Symphonie, des Besuchers einer Theateraufführung. Wassily Kandinsky tat eben dies, indem er schrieb „Die gute Zeichnung ist auch nur die, an welcher nichts geändert werden kann, ohne dass dieses innerliche Leben zerstört wird." Bei der inneren Notwendigkeit, die Schönberg mit dem Wort „Müssen" bezeichnet, geht es also nicht um die innere Notwendigkeit des Künstlers, sondern die des Werkes. Nun, das klingt ja schon viel besser. Das beste Beispiel dafür liefert Schönberg auch gleich selbst in einem Aufsatz über Gustav Mahler, in dem er den 4. Satz der 4. Symphonie besonders lobt, um gleich hinzu zu fügen: „Und der dritte! Und der zweite und der erste Satz auch! Also alle. Natürlich alle. Denn von großen Meistern gibt es keine schönen Stellen, sondern nur ganze schöne Werke.

Die Herausforderung, die sich daraus für den Künstler ergibt, ist die, nicht *zuviel* zu schaffen. Zu wissen, wann etwas fertig ist, wann es nicht mehr, aber auch nicht weniger braucht. Und weniger lauert die Gefahr auf dem weißen Blatt Papier, als auf dem vollen. Weniger auf der frisch grundierten Leinwand, als auf der fleckig bunten. Scharfe Psychologen wie Friedrich Nietzsche erkannten das früh. Er meinte: „Das Hauptmittel der Kunstkraft ist weglassen, übersehen und überhören." Und an anderer Stelle: „Der hinwegtut, ist ein Künstler: der hinzutut ein Verleumder." – Auch nicht zimperlich, der forsche Fritz!

Kunst kommt von Wollen

Gegen die Tendenz, Kunst primär als Produkt einer inneren Notwendigkeit, eines subjektiven Dranges zu verstehen (ein Drang, gegen den es übrigens sicherlich Tabletten gibt), brachte Nietzsches Zeitgenosse und dekadentes Gegenüber auf dem britischen Eiland, Oscar Wilde, vor: „Kein wahrer Dichter singt, weil er singen muss. Der wahre Dichter singt, weil er singen will." Und da die Iren es ja wissen müssen, warum und wie der wahre Dichter singt, selbst wenn sie dazu, wie Wilde meinte, verdammt wären, dies in der Sprache Shakespeares tun zu müssen, darf man das ruhig einmal glauben. Bedeutet im Konkreten aber auch: Der Dichter will singen, muss dies aber auf Englisch. Was schließlich nur bedeutet, dass sich der Zwang verschoben hat.

Die Kunst nicht mehr länger an der „Kunstfertigkeit" oder dem genialischen Schaffen messen zu müssen, war ein Befreiungsschlag, der durch den Siegeszug des Konzepts gelang.

Kunst kommt von Kontern

Die Herleitung der Kunst aus dem Können hat nicht nur Arnold Schönberg zu einer Replike veranlasst. Der Filmemacher, Schriftsteller und Maler Herbert Achternbusch etwa meinte: „Kunst kommt nicht, wie der Kulturminister meint, von Können, sondern von Kontern" – Womit wir erst recht wieder beim lustigen Fußballspiel gelandet wären, und uns darüber hinaus mit einem weiteren Problem konfrontiert sehen, das nicht selten in der Literatur anzutreffen ist: Was wollte der Autor damit sagen? Mit der Etymologie kommt man da nicht wahnsinnig weit, es sei denn, man zielt darauf ab, Achternbusch gewollt misszuverstehen. Dann nämlich kann darauf verwiesen werden, dass das schöne Wort „Conter" im Deutschen zunächst nur in dem Substantiv „Conterfei" anzutreffen ist, was soviel wie „Nachahmung" bedeutet. Und, dass Kunst von der Nachahmung komme, das kann man zwar auch mit Fug und Recht behaupten und vor allem unter Bezugnahme auf Platon, der bildende Kunst als bloßes Herstellen von Trugbildern gar nicht hoch schätzte.

Der forsche Volksetymologe könnte daher empfehlen, „Konter“ mit Contra in Verbindung zu bringen und die gesellschaftskritische Funktion der Kunst hervorzuheben. Das kommt immer gut, und wenn es nicht gut kommt, dann weiß man auch woran man ist: an einem Kunstverständnis nämlich, das von Behübschung, Dekor und der Kunst als Element der Freizeitgestaltung ausgeht. Diesen Vertretern darf aber eher empfohlen werden, es mit Golf zu versuchen – sowohl dem Auto, wie auch dem gleichnamigen Sport – oder mit Biertrinken, wo im Kunstverständnis doch schon Hopfen und Malz verloren sind.

Kunst im Abseits

Will man hingegen den reizvollen Vergleich von Kunst, Fußball und Gesellschaftskritik weiter strapazieren, so bietet sich eine Formulierung von Edgar Degas an, der offensichtlich nicht nur in Umkleidekabinen von Ballettelevinnen herumlungern konnte, sondern auch mit den Spielregeln des runden Leders vertraut zu sein schien. Er meinte: „In der Kunst ist es anders als beim Fußballspiel. In Abseitsstellung erzielt man die meisten Treffer."
Nun, offensichtlich kannte sich Herr Degas doch in den Umkleidekabinen von Elevinnen besser aus, denn auch im Fußball schießt man aus dem Abseits besonders erstklassige Tore. Bloß werden sie aberkannt.
Abseits steht die Kunst zum Teil dennoch. Freiwillig etwa, wie jüngst durch Erwin Wurm, der in der deutschen Wochenzeitschrift „Die Zeit" eine „soziale Skulptur" in Form einer Sonderbeilage gestaltete, die davon lebte, politisch nicht korrekte Handlungsanweisungen zu geben (etwa: „Bevorzugen Sie Robbenfellschuhe" oder „Sagen Sie einer Feministin, bei dem Arsch habe sie diese Einstellung gar

nicht nötig"). Oder sie steht gezwungenermaßen abseits, was auch nicht selten der Fall ist. Schon deshalb nicht, weil Künstler sich selbst oft als Außenseiter der Gesellschaft empfinden.

Die gesellschaftliche Randstellung, die Degas in seinem Vergleich zwischen Kunst und Fußball möglicherweise im Sinn hatte, bestimmt ohne Zweifel einen nicht unbeträchtlichen Teil künstlerischer Existenz. Dies hat – und damit wären wir wieder beim abendlichen Smalltalk – Elfriede Jelinek sehr treffend zum Ausdruck gebracht, als sie ihre Dankesrede zur Verleihung des Literaturnobelpreises mit dem Titel versah: „Im Abseits".

Aber selbst, wer im Abseits steht, ist immer noch auf dem Spielfeld. Es geht ihm ein wenig so, wie Honoré de Balzac es in seiner Erzählung „Sarrasine" beschrieb, die damit ansetzt, dass der Autor – der Künstler, der Schriftsteller also – bei einem „rauschenden Feste" in einer Fensternische steht, und das bunte Treiben im Saal ebenso beobachtet, wie die Winterlandschaft im dunklen Garten. Er ist halb im Abseits, halb mitten drin, halb Teil einer menschenleeren, gefrorenen Natur, halb Teil einer sich selbst feiernden, dekadenten Kultur.

Kunst kommt dennoch von Können

Süddeutsche Geistesschärfe bewies der große Bühnenphilosoph Karl Valentin, der sich intensiv mit der Frage, woher die Kunst denn nun stamme, auseinandersetzte und nach langen Jahren strengen Denkens geradezu zenbuddhistisch zum Ausgangspunkt zurückkehrte, als er räsonierte: „Kunst kommt von ‚Können', nicht von ‚Wollen'", sonst müsste es ja ‚Wunst' heißen."

Kunst kommt von Nichtkönnen

Um die leidige Diskussion nun aber abzuschließen, woher die Kunst denn nun kommt, wohin sie geht und warum überhaupt etwas ist und nicht vielmehr nichts, und weil eben der Nachtisch serviert wird, und man sich den nicht auch noch durch kluges Gequassel verderben will, eine Antwort, deren unabweisbare innere Logik, vernichtende Folgerichtigkeit und verwirrende Eleganz eindeutig erkennen lassen, dass sich hier ein großer Geist lange mit dem Problem auseinandersetzte. Johann Nepomuk Nestroy nämlich, der schrieb: „Kunst ist, wenn man's nicht kann, denn wenn man's kann, ist's keine Kunst." – Da schaust Dich an, gell? Und jetzt aber ab ins Museum!

Darf man Bilder ansprechen?

Wer heute, ja selbst heute, ein Museum besucht, in dem gerade keine Sonderausstellung zu sehen ist (wenn es solche Museen überhaupt noch gibt), der sehnt sich mitunter nach dem Tohuwabohu einer verlassenen Bergkirche. Vereinzelte Personen schleichen durch riesige Säle, treffen kometengleich aufeinander und flüstern rücksichtsvoll. Fast so, als wollten sie die Totenruhe der Bilder nicht stören. Kunstbetrachtung erlangt oft den Charakter einer stillen Andacht, einer Versenkung, der Meditation vor einer Topfpflanze vergleichbar.

Wer sich auf den stillen Dialog mit Kunst einlässt, muss sich trotz allem zu allererst die Frage stellen, wie man mit einem Wesen aus Stoff, Öl und Pigmenten erst einmal in Kontakt tritt. Unklar freilich ist besonders, wer denn wen nun zuerst anzusprechen habe: das Bild den Betrachter oder umgekehrt. Auch protokollarisch ein komplexer Fall. Denn ist es im tagtäglichen Umgang keine

Frage, dass die Frau vor dem Mann, der Ältere vor dem Jüngeren, der Ranghöhere vor dem Rangniedrigeren zu grüßen und also anzusprechen ist, so hängt dies bei Gemälden – etwa – von weniger klar definierten Kriterien ab. Und wenn schon Marcel Proust, der es beileibe wissen musste, die Frage thematisiert: „Wie grüßt man?“ „Mit wessen Namen beginnt man?“ „Grüßt man auf die gleiche Weise einen Greis und einen jungen Mann, einen Schlosser und einen Prinzen, einen Schauspieler und ein Akademiemitglied?“, – dann kann man sich ungefähr ausmalen, was diese Überlegungen analog für den kommunikativen Charakter der Kunst bedeuten. Dabei geht es weniger darum, ob ein Bild alt oder neu ist. Das neue kann ein Prinz, das alte ein Schlosser sein, oder eben umgekehrt. Entscheidend ist vielmehr die Haltung, die jemand gegenüber der Kunst im Allgemeinen und dem einzelnen Kunstwerk im Besonderen einnimmt. Wer es mit der Kunst als verehrungswürdiger Ersatzreligion hält, dem steht es an, wohl zunächst höflich zu grüßen, keinesfalls aber das Kunstwerk mit seinen eigenen guten Ideen „zuzutexten“. Die Hierarchie zwischen

Bild und Mensch stellt letztlich immer einen kulturhistorischen Spiegel des Verhältnisses von Kunst und Gesellschaft dar. Für Arthur Schopenhauer, ganz schon im Geniekult des 19. Jahrhunderts gefangen, war die Antwort klar. Er schrieb 1844: „Vor einem Bild hat jeder sich hinzustellen wie vor einen Fürsten, abwartend, ob es zu ihm sprechen werde; und wie jenen auch dieses nicht selbst anzureden".

Und bis heute ist der Demokratisierungsprozess innerhalb des Kunstkanons der Neuzeit bescheiden ausgefallen. Gerade, dass bei Rubens angemerkt werden darf, dass die abgebildeten Damen eher üppig sind, – doch selbst das wird mit dem Timbre vorlauter Selbstvergewisserung pubertierender Schulbuben vorgebracht. Diese noch immer wirksame Ehrfurcht hängt weniger damit zusammen, dass die gegenständlichen Bilder leichter verständlich wären; kein durchschnittlicher Besucher ist in der Lage, die komplexen Verweisungszusammenhänge auf Les Meninas von Diego Velázquez ohne Anleitung zu lesen. Es herrscht so etwas wie Ehrfurcht vor den Ikonen der Kunstgeschichte. Sie, diese Werke, haben sich schon bewährt, sie haben Konkurrenten in die Flucht geschlagen und sich im kunstdarwinistischen Selektionsprozess als die Stärkeren erwiesen. Es spricht daher manches dafür, die Frage, wer denn nun wen ansprechen darf, über den eingangs erwähnten Kunstkanon zu entscheiden, und sich damit in den sicheren Hafen der allgemeinen Meinung begeben: Ein Bild von Raphael wird nicht angesprochen – alles andere wäre eine kleine oder große Respektlosigkeit. Ebenso bei den anderen der Diskussion entrückten Genies der Kunstgeschichte von Leonardo bis Picasso. Hier ist Respektlosigkeit gleichbedeutend mit einem Irrtum. Jene, nämlich die Respektlosigkeit, findet auch eher in Galerien ihren Platz, wo aller Voraussicht nach kein Raphael hängt und vielleicht noch weniger bekannte Künstlerinnen und Künstler um die Gunst des Publikums buhlen (machen sie naturgemäß nicht, weil sie ja nicht für ein Publikum produzieren, sondern .... – ja, wofür eigentlich?). Da kann man so ein Bild oder eine raumgreifende Installation schon anreden. Doch Vorsicht: Zeitgenössische Kunst ist nicht devot und nicht senil. Sie redet zurück. Schreiduelle zwischen Kunstwerk und Betrachter sind seit dem Wiener Aktionismus oder Joseph Beuys kein Betriebsunfall sondern wohl kalkulierter Teil des Ganzen. Künstler gehen dabei gerne auch zum Angriff über. Schon André Breton sah die einzige surrealistische Handlung darin, wahllos mit einem Revolver in eine Menschenmenge zu schießen. Marketinggenie Damian Hirst delegierte den Schrei an einen Hai, den er schick in bläulich schimmernden Formaldehyd einlegte. Und manchmal hat man sogar das Gefühl, die Bilder plappern. Andere Bilder aber wiederum sagen einem gar nichts – im wahrsten Sinne des Wortes. Das Schweigen der Bilder aber ist ein eisernes, auch wenn sie aus Öl und Leinwand sind.

Kult, Kunst – Religion

Dass dieses Schweigen aber nicht ungewollt, sondern strategisch gemeint ist, den Verdacht kann man nicht von der Hand weisen. Es gemahnt vielmehr an die Usprünge der Kunst, die im Kult und in kultischen Handlungen liegen. Abwesende Gottheiten in die Sichtbarkeit zu zwingen, reale oder metaphysische Ängste zu bannen, das alles findet sich am Beginn dessen, was mit den funkelnden Kitschmonumenten eines Jeff Koons seine zeitgemäße Fortführung gefunden hat. Malern wie Kasimir Malewitsch war dies durchaus bewusst, als er 1915 sein schwarzes Quadrat auf weißem Grund präsentierte und damit die erste sprichwörtliche „Ikone" der modernen Kunst schuf. Wo aber der abwesende Gott durch die Kunst ersetzt wird, ist der Schritt zur Kunstreligion nicht mehr weit. Diese Haltung wurde vom Soziologen Max Weber vor rund hundert Jahren mit dem Satz beschrieben: „Kunst ist die Religion der gebildeten Klasse geworden." Und Oscar Wilde, noch ein wenig früher meinte: „Kunst ist der moderne Ersatz für Glauben." Derartige Herangehensweisen wurden freilich durch die Kunstschaffenden auch unterstützt. Noch 1936 notierte der russische Maler Alexej Jawlensky: „Meine Arbeit ist mein Gebet". Na dann, Hut ab!

Darf man Kunst duzen?

„Es gibt Gesichter in der Welt", schreibt Georg Christoph Lichtenberg, „wider die man schlechterdings nicht *Du* sagen kann." Gleiches gilt für die Kunst, die man jedenfalls nicht leichtfertig duzen sollte. Nichts wirkt so abstoßend, wie die voreilige Fraternisierung, auf Wienerisch „Verhaberung", mit Kunstwerken, die man so wenig kennt, wie die neuen Freunde nach einer durchsoffenen Nacht. Arroganz, ebenso wie Anbiederung hat kein Kunstwerk verdient, wenn wir gelten lassen, dass Adorno oder sonst wer meinte: „Kunst heißt: gute Kunst" (so oder so ähnlich geht das Zitat, aber es handelt sich ja bei diesem Text um keine Dissertation, wie vielleicht schon zu bemerken war). Ja, es ist sogar umgekehrt, dass Kunst, die sich duzend anbiedert, zu meiden ist. Vorsicht, wenn Bilder freundlich werden! Gleiches gilt für die Musik, deren Potential, sich einzuschmeicheln, genrebedingt besonders hoch ist. Nicht nur die zur Kaufhausmusik degradierte Kammermusik Mozarts – der dafür ebenso wenig kann, wie für die Schokokugeln – und seiner süßlichen

Zeitgenossen ist davon betroffen. Die Kritik an den populären Vertretern der klassischen seriellen Musik, von Michael Nymans postmodernen Tonkaskaden bis zum eleganten Eremitensound eines Avo Pärt, speist sich genau aus dem Misstrauen gegenüber einer allzu leicht konsumierbaren Musik. Wird Kunst aus dem Musentempel in den Konsumtempel ausgelagert, dann kommt dies einer beiderseitigen Gesprächsverweigerung gleich.

Die liebe Familie

Also, wenn man Kunst nicht duzen soll, wie steht es dann um das Verhältnis des Betrachters zum Kunstwerk? Nicht nur, dass eben das Werk schon als Kind des Künstlers firmiert, auch sonst sind die Beziehungen komplex. Sie unterscheiden sich nur wenig von Familienbeziehungen, die, wie man weiß, zum heikelsten überhaupt zählen. Verwandtschaft ist ein Feld voller Tretminen. Nehmen wir nur die Habsburger und ihre Umgebung in einem winzigen Moment der Geschichte: Marie Antoinette, Frau Ludwig XVI. und Tochter Maria Theresias, wurde mit ihrem Göttergatten von den überschwänglichen Jakobinern enthauptet. Im Handgemenge der zum Terror erstarrten Französischen Revolution mauserte sich der korsische General Napoleon Bonaparte zum Kaiser der Franzosen und ritt, als Weltseele von Hegel besungen, quer durch Europa. So bekriegte (ok, besiegte) er zunächst auch Österreich, das von Franz II, regiert wurde, der nicht nur Nach-, Nach-, Nachfolger Maria Theresias war, sondern ebenso der Herr Schwiegerpapa des missionarischen

Korsen. Und so weiter, und so fort. Und wenn es schon beim Adel, Hochadel so komplex wird, wie dann erst bei der Kunst? Ein Beispiel? Nun denn: „Jedes Kunstwerk ist ein Kind seiner Zeit, oft ist es Mutter unserer Gefühle." (Wassily Kandinsky) „Der Künstler ist zwar der Sohn der Zeit, aber schlimm für ihn, wenn er zugleich ihr Zögling oder gar noch ihr Günstling ist."(Friedrich Schiller) „Die Kunst ist eine Tochter der Freiheit." (Friedrich Schiller) Der kleine Ausschnitt aus einem langen Stammbaum besagt also, dass Zeit und Freiheit Geschwister sind (oder sind sie ein Paar?), Kunst, Kunstwerk und Künstler verschwistert oder verschwägert sind, und die Gefühle Enkel der Zeit, möglicherweise auch noch Neffen von Kunst und Künstler und Großneffen der Freiheit. – Es lebe die Großfamilie, über deren inzestuöses Potenzial wir hier pietätvoll schweigen.

Das Wahre, Gute und Schöne

Wie aber spricht man über Kunst? Allemal ist es ratsam, sich einen Wortschatz zuzulegen, der zur Qualifizierung von Kunst generell, einzelnen Objekten wie Werkzyklen oder Künstlern insgesamt taugt. Wer's in der Schule schon nicht mit den Fremdsprachen hatte, wird sich aber auch hier schwertun. Mit dem mäßig differenzierten Ausruf: „Picasso finde ich beeindruckend!" ist das Beeindrucken zumeist schon zu Ende. Wie in vielen Lebenslagen steht und fällt die Glaubwürdigkeit und auch das Interesse, das einem entgegengebracht wird, mit der „Kunst" der differenzierten Formulierung. Was in der Welt des Weines mittlerweile eine Selbstverständlichkeit ist, gilt nicht anders für die Kunst. Sagt man vom Wein, dass er nach Erdbeeren, Mango, Nüssen, in Kokosmilch frittierten Heuschrecken oder Ähnlichem schmecke, so kann es in der Kunst das Flächige, das Gestische, Figürliche sein, kann konzentriert, reduziert, auch erweitert, kontrastreich, ironisch, konzeptuell sein; Formulierungen, die zumindest die Ambitionen zur Kennerschaft erkennen lassen. Vielleicht sollte man analog zu Weinseminaren auch solche über Kunst anbieten, vielleicht sogar im Kombipack. Dann kann man hinunterspülen, was sonst ungenießbar wäre und den Kopfschmerz immer noch auf den Rotwein schieben. Dabei aber gilt es – beim Wein sowieso – einen Mittelweg zu finden, einen Weg zwischen der verklausulierten Sprache des Expertentums und der allzu offenkundig banalen. Die einen, die sich in ihrer Diktion nicht wesentlich von Experimentalphysikern unterscheiden und sich mit ihren tausendfachen Bezügen zur Kunstgeschichte einen eigenen Bezug verbauen, unterscheiden sich in der Hoffnungslosigkeit zu kommunikativer Kompetenz nicht viel von jenen, die ein Bild einfach „schön" finden. Nein, „schön" darf ein Bild heute nicht genannt werden. Dies hat weniger damit zu tun, dass Helmuth Macke zu Beginn des 20. Jahrhunderts eine Diskussion über den „Schmutz" in der Kunst initiierte (was mittlerweile soweit kanonisiert ist, dass selbst Musiker wie Nikolaus Harnoncout feststellen: „Zum Schönen gehört der Dreck!"), sondern vielmehr damit, dass „schöne" Kunst im Ruf steht, Macht ohne Rücksicht auf deren Ausrichtung zu erhalten, wenn nicht gar zu verherrlichen. Seit Kunst aber primär eine kritische gesellschaftliche Rolle spielt, steht das Schöne unter Generalverdacht. Zumal, wenn es im Kombipack mit dem Wahren und Guten auftritt. So wird hinter mancher Staffelei ein Lügendetektor und eine moralische Keule vermutet. Zur Klarstellung, welche Richtung eine spezifische Kunst einschlägt, gibt es daher mehrere Mittel.

„Mach nur einen Plan, sei nur ein schlauer Wicht“

Das 20. Jahrhundert gefiel sich kunsthistorisch zunächst in Manifesten. Kein Stil, keine Aussage mehr ohne Theorie, ohne Manifest. Und nicht zufällig notierte der „Vater“ der modernen Malerei, Paul Cezanne, der selbst, wie man zu seiner Ehrenrettung feststellen muss, kein Manifest verfasste: „Alles, vor allem in der Kunst, ist Theorie.“ Und so entstanden denn auch in rascher Abfolge das Futuristische Manifest von 1909, das Dadaistische Manifest von 1918, das Bauhaus-Manifest von 1919, das Surrealistische Manifest von 1924 und so weiter und so fort. Über Fluxus oder Friedensreich Hundertwassers Architektur-Boykott-Manifest „Los von Loos“ bis hin zu jener Phase, in der das Manifest schon die Kunst selbst war. Mit dem Manifest erhöhte sich auch schlagartig die Tendenz zur Rudelbildung. Künstler traten als Gruppen auf, als Dadaisten, Blaue Reiter oder Cobra. Eine zunehmende Tendenz zur Re-Individualisierung und auch der Umstand, dass man vor lauter Gruppen die Kunst kaum noch sah, veränderten auch die Erklärungsmodalitäten von Kunst. War das Manifest noch so etwas wie ein artistisches Parteiprogramm, das Dissidenten ebenso kannte, wie Wächter über die reine Lehre (etwa André Breton, den Hohepriester des Surrealismus, dessen autokratischer Führungsstil bis heute bekannt ist und zu vielen Zerwürfnissen führte), so begleitete den Niedergang der großen Ideologien eine Mode, die man der Einfachheit halber als „Autoexegese" bezeichnen darf, nämlich den Umstand, dass Künstler selbst die Interpretation zu ihren Werken lieferten. Das erleichtert die Sache naturgemäß ungemein. Gleich weiß man, warum eine Leinwand geschlitzt und ein Piano zerhackt wurde. Kundenservice der Extraklasse. Und einmal ehrlich: Wer, wenn nicht der Urheber, sollte denn besser wissen, was seine Kunst ausdrücken sollte? Aber, zurück gefragt, reicht dieses Wissen schon? Braucht das Kunstwerk einen Künstler? – Dazu ein kulturhistorischer Exkurs, auf den wir vermutlich schon lange gewartet haben:

Der Künstler ist anwesend

Sind sie nicht liebenswert und vom Aussterben bedroht, jene schmalen Bände zartester Lyrik, die auf der ersten Seite schon stolz verkünden: „Mit einem Bildnis des Autors". Und kaum zwei Seiten später sieht er einem schon entgegen, Schiller oder Hölderlin, mit einer Locke in der Stirne, ein wenig römisch, griechisch, eben recht klassisch. Wozu man wissen muss, wie Schiller aussah (sieht man von der Locke ab) oder welchen Vorteil man beim Lesen der Hymnen Hölderlins aus der Kenntnis seines Profils zieht, sei dahingestellt. Immerhin aber wurde so etwas wie eine Freundschaft zwischen Autor und Leser suggeriert, ein geheimes Bündnis, das sich vom Schaukelstuhl aus gegen die Unbill der Welt zu wappnen wusste. Seit es sie aber nicht mehr gibt, die gediegenen, auf ewige Werte hin ausgerichteten Bücher, seit das raschlebige, würdelose Taschenbuch die Bibliotheken und Gehirne der Menschen zu dominieren begonnen hat, ist der Satz „Mit einem Bildnis des Autors" ausgestorben. Doch nichts geht verloren auf der Welt, in gewandelter Gestalt tritt auf die Bühne, wer kurz davor verschied. An die freigewordene Stelle trat die Einladung zur Vernissage mit dem Hinweis: „Der Künstler ist anwesend". Dass es sich dabei ebenso um ein Argument für den Besuch handeln kann, wie um eine Warnung davor, ja, wer spürt es nicht? – Fragen Sie Ihren Händler oder Galeristen! Was von den einen als Mehrwert wahrgenommen wird und Parallelen zum Tiergartenbesuch erahnen lässt („Was, der lebt noch?", „Schau, da steht sie! Ganz dort hinten!"), ist für die anderen das zweifelhafte Vergnügen, sich von Künstlern epische Auslegungen des eigenen Schaffens anhören zu müssen. Jedenfalls ist es mitunter schwer, sich durch Selbstbeschreibungen oder persönliche Erklärungen nicht bevormundet und also entmündigt zu fühlen. Dort also, wo von Anfang an die Kommunikation zwischen Betrachter und Kunstwerk gefährdet erscheint, springt sogleich die Exegese aus der Kulisse, der zu allem noch etwas einfällt. Und ganz mit Hegel, dem Alleserklärer der Weltgeschichte, der auf eine Rezension seiner „Phänomenologie des Geistes" in einem polemischen Artikel antwortete, möchte man sagen: „Mir selbst ist es schrecklich genug, wenn einer zu erklären anfängt, denn zur Not verstehe ich alles selbst." Und diese „Not" ist real!

Passt das Bild zur Couch?

Autonomie, sprich Charakterstärke des Kunstkonsumenten erlangt aber nicht bei künstlerischen Abendessen den Zenit, sondern vor Ort, in freier Wildbahn. Stellen wir uns folgende Szene vor: Ein Ehepaar – oder eben ein Pärchen, oder zwei Lebensabschnittspartner (männlich, weiblich, gemischt oder eben nicht und was weiß ich, wie ich das noch gendern soll, ohne Unlesbarkeit zu erzeugen), die eine gemeinsame Bleibe (sprich Wohnung, oder Haus oder Zelt) teilen – besucht eine Vernissage. Dort tummelt sich die übliche Mischung aus Kunstschaffenden, Kunsthändlern, Kunstbegeisterten, Menschen mit und ohne Geld. Es gibt Weißwein in kleinen Gläsern ohne Stiel (kleine „Stutzen" also, wie diese Form genannt wird) aus dem viel geschmähten, oft geleerten Doppler, der manch Kunstinteressierten mehr interessiert als die Kunst. Wie auch immer. Also geht dieses idealisierte Pärchen – oft der Gegensatz zum idealen Pärchen – durch die Räume und bleibt vor einem Bild, meist monochromatisch, stehen. Sie (es kann auch Er sein, das spielt in diesem Fall wirklich keine Rolle): „Glaubst du, passt das Bild zu unserer Couch?" – Schweigen rundum, gespannt ablehnende Blicke der übrigen Besucher. Es ist, als hätte ein Riss in der gesellschaftlichen Tonspur zum plötzlichen Ausfall eines jeden Geräusches geführt. Es ist das Verbotene gesagt worden. Und wehe, wem solches passiert! Zumeist ist die Kunst und das ihr eigene Quasseln darüber eine sanfte Welle, auf der Dahingleiten und Freude die Regel ausmacht. Doch das „no go", das Fernste – allerdings mitunter Nächste zugleich – auszusprechen, wer mag es wagen? Die Steigerung freilich erreicht man, indem man den Künstler fragt, ob es das Bild auch in Gelb gibt. Aber das ist beinahe schon zu dick aufgetragen und man läuft Gefahr, sich den Spaß zu verderben, weil er verstanden wird. Bleiben wir beim skandalösen Normalfall und fragen ganz ernst: Was ist denn daran falsch, ein zur Couch passendes Bild zu suchen? Wo sind denn die Damen und Herren, die sich die Wohnungseinrichtung passend zum Picasso aussuchen können? Wo sind sie denn, die um einen Marc Rothko herum ihre kleine bezaubernde Villa bauen lassen? Kurz, die Frage, ob das Bild oder die Couch zuerst da sind, wird doch üblicherweise zugunsten der Couch entschieden. Nur, wer sich den Picasso oder den Rothko auch leisten kann, für den ist die Villa bloß die Draufgabe, das Passepartout gewissermaßen. Gerade Bilder werden seit dem erfolgreichen Unabhängigkeitskrieg der Kunst in der Neuzeit losgelöst von ihrer Umgebung produziert.

Jahrhundertelang waren Künstler Auftragskünstler, ihre Freiheit bestand lediglich in Eskapaden des Privatlebens, paradigmatisch von Benvenuto Cellini beschrieben, der nicht nur einmal bei Nacht und Nebel aus der Stadt fliehen musste, wenn bei einem nächtlichen Gelage irrtümlich jemand erstochen liegenblieb. Beruflich lief alles meist in geordneten Bahnen, wenn man von Leonardo da Vinci absieht, der sich seiner Unverlässlichkeit wegen keinen guten Ruf machte und seine Auftraggeber eher in Erstaunen versetzte, wenn er tatsächlich eine Arbeit auch beendete. Doch nehmen wir berühmte Beispiele, wie die Sixtinische Kapelle, die Stanzen Rafaels oder die Camera degli Sposi in Mantua. Dort hat sich die Frage nach

Bild und Couch nie gestellt. Und zwar nicht nur, weil die Couchen in Kirchen kaum anzutreffen sind. Der Raum war und ist das Bild. Erst die weiße Wand, der White Cube, in dem heute Bilder ausgestellt werden, wirft diese Frage auf. Aber: ist die Galerie, ja selbst das Museum, ein Ort für die artgerechte Haltung für Kunst? Und ist die Couch nicht nur ein Pars pro Toto für etwas ganz anderes, durchaus Akzeptiertes: den Kontext?

Stellen wir uns die vorhin skizzierte Szene nochmals vor, ändern aber den Text. Sie: „Meinst Du, kann dieses Bild in einem komplexen, nichtöffentlichen Umfeld erfolgreich re-kontextualisiert werden?" Er: „Angesichts der subtilen Verweisungszusammenhänge, die durch die Flächigkeit und ausufernde Gestik erst entdeckt werden müssen, verbirgt sich unter der scheinbaren Dekorativität eine subtile Narrativität, die eine beliebige Re-kontextualisierung fragwürdig aber durchaus möglich erscheinen lassen." Das bedeutet im Klartext: Sie: „Passt das Bild zur Couch?" Er: „Keine Ahnung". Der Unterschied besteht einzig in dem Umstand, dass es verpönt ist, die Dinge beim Namen zu nennen, die verklausulierte Wortakrobatik hingegen akzeptiert ist. Heißt dies aber, dass Kunst heute ihrem Selbstverständnis nach fürs Museum produziert wird? Ist das Museum das Schicksal der Kunst? Ist es nicht, wenn wir dem Hüttendenker Martin Heidegger vertrauen, der nicht nur meinte, dass es in der Antike (griechisch/römisch, alles andere wäre unter seiner Würde gewesen) keine Literatur *über* Kunst gegeben hätte, weil die Werke selbst sprachen – schon wieder dieses Plappern des Bildes! –, sondern auch, dass die Griechen keine Galerien und Ausstellungen benötigten, ja selbst die Römer keine *documenta* brauchten. Das war auch gut so, denn nicht einmal Germanicus hätte den Weg durch das freie Deutschland bis nach Kassel geschafft.

Historisch betrachtet kommen Museen tatsächlich relativ spät auf. Frühe Institutionen wie das Musaion in Alexandria hatten mit dem, was heute als Museum gilt, relativ wenig zu tun. Es waren Musentempeln, also Gelehrtenakademien. Erst mit 1734 datiert das erste Museum, das auch für das breite Publikum geschaffen wurde: das Museio Capitolino. Bald folgte das British Museum 1753, und ab da ging es lustig weiter bis Bilbao, Doha und darüber hinaus. Für die Künstler selbst bedeutet das Museum zweierlei: Schule und Ansporn.

Kunst Schule

Paul Cezanne meinte in Hinblick auf die Bedeutung des Museums als Schule: „Der Louvre ist das Buch, in dem wir lesen lernen." Sehr patriotisch gesagt. Wenngleich nicht ganz geschickt. Den Louvre nämlich zur Schule zu degradieren, birgt auch Gefahren. Denn bedeutet dies nicht umgekehrt, dass, wer seine Bilder fürs Museum malt, nichts weiter zustande bringt, als Übungstexte, die Anfängern das Buchstabieren beibringen sollen? Wer also denkt, Maler, die fürs Museum schaffen, antizipieren ihren Nachruhm, irrt gewaltig, auch wenn man sich mitunter des massiven Eindrucks nicht erwehren kann, sie würden, wie der freie Herr von Knigge es formulierte, „sich bei lebendigem Leibe einbalsamieren und sich [gegenseitig] eine glänzende Ewigkeit zusichern." Statt dass sie im Glorienschein künftiger und künstlerischer Unsterblichkeit durch ihr viel zu kleines Atelier stolzieren, sind sie nichts weiter als Lehrer in der Elementarschule der Malerei – wenn man Cezanne ernst nimmt. Solchen wischt Pablo Picasso sauber eins aus, wenn er schreibt:

„Museen sind nichts weiter, als ein Haufen Lügen." Und das passt doch ausgezeichnet zu dem, was wir selbst über unsere Schule dachten. Anders die „Schule des Sehens", die von Oskar Kokoschka in den 1950ern in Salzburg ins Leben gerufen wurde und die ein Programm vorstellte, das Persönlichkeitsbildung als Teil der künstlerischen Ausbildung begriff.

Nicht Schule sondern Ewigkeit

Aus der Schule in die Schule. Denn der Ehrgeiz, die Werke im Museum zu sehen, entspringt nicht zuletzt dem Ziel, es so für kommende Generationen zu sichern. In der gewagten Annahme, diese würden sich darüber freuen oder gar Nutzen daraus ziehen. Steingeworden, steht das Museum für die alte Einsicht (die, weil sie alt ist, typischerweise wieder einmal lateinisch formuliert wurde): vita brevis, ars longa. Das kurze Leben und die lange Kunst, welch dramatischer Gegensatz, welch larmoyante Einsicht; steigerbar einzig durch Weimarer Klassik, wo Friedrich Schiller holzschnittartig sang: „Ernst ist das Leben, heiter ist die Kunst". Auch das noch, mag man nun ausrufen; mit Fug und Recht ausrufen! Erst ist es kurz, das Leben, und dann auch noch ernst... Und die Kunst, die glücklichere, sie ist heiter und lang! Wer hätte gedacht, dass eine einfache Reflexion über den Ursprung und die Funktion des Museums sich unversehens zur existentiellen Meditation wandelt, mit der Tendenz, eifersüchtig auf die Kunst zu werden, die es so lustig und leicht hat, die dahinplätschert, seichte, sorgenfreie Ewigkeit. Und das alles im Museum, in Bayreuth oder anderen seligen Tempeln eleganter Mumifizierung. Eifersucht ist trotzdem nicht angebracht. Die Kunst lässt einen nicht alleine, sie beugt sich vielmehr zu uns armen Würmern herab und hilft uns, die Krise des eigenen Lebens zu meistern: „Wir haben die Kunst, damit wir nicht an der Wahrheit zugrunde gehen", schrieb in diesem Geiste auch Friedrich Nietzsche, der Psychologe alles Menschlichen oder Allzumenschlichen. Die Wahrheit, die schonungslose, nackte – nackter noch als Cranachs Venus –, wer könnte ihr unbeschadet von Angesicht zu Angesicht gegenübertreten?

Und dennoch: Beschleicht einen nicht manchmal, in einer Galerie, angesichts einiger wie zufällig am Boden verstreuter Ziegelsteine (wer jetzt an Osvaldo Romberg denkt, ist bereits verdorben!), der Verdacht, dass wir – ganz im Gegensatz zu Nietzsches Einsicht – mitunter die Wahrheit haben, um nicht an der Kunst zugrunde zu gehen?

Mein lila Reisebügeleisen

Diese ketzerische Umkehrung entspringt nicht dem Vorurteil gegenüber Ziegelsteinen, Billy-Regalen oder vergleichbaren Materialien, aus denen zeitgenössische Kunst ihren Ruhm zimmert. Erschütterte Marcel Duchamp den musealen Betrieb, das Ausstellungswesen, durch sein Pissoir, so zitiert, wer heute ähnlich vorgeht, Duchamp und stellt gar nichts in Frage. Aussagen, gerade in der stark konzeptionellen Kunst, verändern sich, Bedeutungen verschieben sich und so kann es schon einmal vorkommen, dass Bedeutungen verschwinden. Auch die lange Kunst muss nicht immer endlos sein. Und manches fällt, wie David Hume über seinen *Treaty on Human Nature* schrieb, tot aus der Druckerpresse. Gerade aber Duchamp und die Konzeptkunst bis hin zu Thomas Hirschhorn zeigen, dass es auf das Material in der Kunst am allerwenigsten ankommt. Und Karl Kraus sagte sehr präzise über sein Metier, dass der Sprache nichts gleichgültiger sein könne, als das Material, aus dem sie schafft. Ja, man bemerkt erstaunt: Nicht nur Sardinen, auch Bilder gibt es ohne Öl.

„Non quid, sed quem admodum feras inter est" schrieb vor ziemlich vielen Jahren Seneca und es sei allen ins Stammbuch geschrieben, die mit dem oben erwähnten Satz: „Das kann ich auch!" eine Stufe der Banalität erklimmen, über die sie stolpern sollten: „Nicht was, sondern wie du etwas erträgst, ist von Belang." Das gilt nicht nur fürs Erleiden, mehr noch fürs Tun. Diesen Spruch könnte man auch über die Türe jener Räumlichkeit schreiben, in der Julius Deutschbauer Jahre hindurch zu jenen nachmittäglichen Zusammenkünften einlud, die unter dem Motto „Handarbeiten und Lesen", soziale Kunst mit der Tradition des Salons zu verbinden wussten. In seinem Sinne ist es wohl auch, wenn man in diesem Kontext Thomas Bernhard ins Treffen führt: „Bügeln ist die allerhöchste Kunst".

Wem Bügeln, Stricken, Häkeln oder Papierdrachen basteln zu hausbacken wirken, wer sich gleichzeitig aber dennoch vom allzu konservativen Kunstbegriff befreien will, wer es chilliger mag oder für sein Ego braucht, wer die Oberfläche als seine Tiefe erkannt hat, dem sei ein Spruch ans Herz gelegt, der in der gehobenen Gesellschaft längst zum unausgesprochenen Standardrepertoire des täglichen Umgangs mit Kunst zählt: „Coolsein ist die Kunst, mit gesunkenen Erwartungen klarzukommen, indem man shoppen geht." (Dick Pountain/David Robins)

Wie wunderbar! Ja, verlassen wir die krampfhafte Auseinandersetzung mit den angeblich schönen Künsten, verzichten wir großzügig auf den abschließenden, im Stehen eingenommenen Kaffee, fliehen wir, laufen wir, nun doch wieder brave, fast reumütige Schüler Thomas Bernhards und seines Protagonisten aus *Holzfällen*, in die Stadt, verlassen wir das künstlerische Abendessen, den Ohrensessel, gehen wir endlich, endlich shoppen. Mit jenem guten Gewissen, das man nur hat, wenn man es sich nimmt. Vielleicht gibt es bei Prada eine Tasche zum Preis eines – günstigen – Kleinwagens oder, um nicht vom Thema abzulenken, zum Preis einer sowieso schon vergilbten Zeichnung von Egon Schiele. Vielleicht werden einem die Roben bei Escada gerade nachgeschmissen, diese prachtvollen Kunstwerke, mit denen man wenigstens etwas anfangen kann. Und vis-à-vis am Wiener Graben, bei Knize, mein Gott, da haben sie wirklich schicke, auch günstige

Hemden – eine *Galerie Otto* der Bekleidungsindustrie. Weg also vom Biedermeier, weg von Doré, von inszenierter Beschaulichkeit und imaginierter Weltuntergangsstimmung. Weg von den Tischmanieren, von Banalität und Intellektualität. Cool sein, nichts erwarten, shoppen gehen!
Wen dann doch der Mut verlässt oder die drapierten Satinorgien zu viel sind, kann immer noch ums Eck in eine Galerie laufen, ja selbst in ein Kaufhaus, und sich von Mozart berieseln lassen. Denn, ehrlich gesagt, der Ort, der ihm etwas anhaben könnte, der ist noch nicht erfunden. Seine Musik ist generell die Krise der Banalität. – Oder in eine Kirche laufen, in die Augustinerkirche, wo wie zufällig eine Toccata von Bach gespielt wird, oder irgendwo die „Schöpfung" von Haydn oder im Stephansdom die „Krönungsmesse". Dort kann man dann die unnütze Kunst genießen, die unbrauchbare und überflüssige, die genau deshalb etwas ist, was wie ein Wunder in unser arbeitsames, ach so unabänderlich nützliches Leben hereinbricht; und uns dem Menschsein ein bisschen näher bringt. Und daher gilt auch: Eine Welt ohne Couch ist immer noch lebenswerter, als eine Welt ohne Kunst.

Auswahlbiografien erwähnter oder zitierter Persönlichkeiten

Herbert Achternbusch: Einer der wenigen Glücklichen, die ein in Österreich noch immer verbotenes Kunstwerk aufzuweisen haben: den Film „Das Gespenst" aus dem Jahre 1982. Im wegen seiner linksliberalen Politik bekannten Bayern, wo der Film auch spielt, ist er hingegen mittlerweile erlaubt. – Wie langweilig!

Theodor W. Adorno: Großer Moralist und Autor der Minima Moralia.

Gaius Valerius Catullus: Kommt in diesem Text nicht vor, was schade ist, vor allem, weil sein Gedicht über Küsse besonders bezaubernd ist.

Benvenuto Cellini: Italienischer Raufbold, Goldschmied, Salzfassproduzent.

Paul Cezanne: Maler von Früchten und Bergen, genauer gesagt, einem Berg, dem *Sainte Victoire*, welcher wiederum seine eigentliche Bestimmung durch die heute von ihm startenden Paragleiter gefunden hat. So löst der Sport die Kunst ab.

Edgar Degas: Innenausstatter des Musée D'Orsay und anderer, weltweit verstreuter Ausstellungshäuser.

Julius Deutschbauer: Österreichischer Künstler und daher von Weltgeltung.

Georg Wilhelm Friedrich Hegel: Verstand alles selbst, aber kaum jemand ihn. Absorbierte Zeit seines Lebens Unmengen von Rotwein und Bier und wusste daher auch über das „absolute Wissen" zu schreiben, das er mit einem falschen Schillerzitat illustrierte... Verfiel nicht dem Wahnsinn, aber dem Staat, was zu manchen Zeiten wenig Unterschied macht.

Martin Heidegger: Schwarzwälder Schweigemeister, der dauernd sprach und schrieb, ziemlich Spannendes schrieb, wenn man's versteht. Vorzüglich in Lederhosen, kurze Zeit in braunes Tuch gehüllt, was ihm Zeit seines Lebens nachhing.

Immanuel Kant: Wurde auch „Chinese aus Königsberg" genannt, was nur zum Teil stimmt (was jetzt?). Obwohl im heutigen Russland beheimatet, *der* deutsche Philosoph schlechthin.

Adolph Freiherr von Knigge: Freimaurer und aufklärerischer Freigeist, der von der Nachwelt in einen Sittenonkel verwandelt wurde. Den schlechten Ruf teilt er sich mit Macchiavelli, der immerhin nicht als Onkel gilt.

Zenita Komad: Österreichische Künstlerin und daher von Weltgeltung.

Jeff Koons: Amerikanischer Künstler, dessen simpler Einfall, nicht zu warten, bis Kunst verkitscht wird, sondern umgekehrt, aus Kitsch Kunst werden zu lassen, ihn berühmt und reich machte.

Karl Kraus: Angeblich Satiriker, in Wahrheit aber nüchterner Chronist der Wirklichkeit durch die Fenster eines Kaffeehauses gesehen. Mischte sich, wie er gestand, nur höchst ungern in seine Privatangelegenheiten ein.

Kasimir Malewitsch: Russischer Ikonenmaler mit Hang zur Abstraktion.

Johann Nepomuk Nestroy: Obwohl im Dezember geboren, ein Vertreter der Literatur des Vormärz. Hatte das künstlerische Glück, in politisch reaktionären Zeiten zu leben und daher auch die Watschen durch die Obrigkeit kassieren zu können, die er zu Recht provoziert hatte.

Friedrich Nietzsche: Wollte nach eigenen Angaben lieber Uniprofessor in Basel bleiben, als Gott zu werden, wollte aber die Schöpfung nicht seinen Privatinteressen opfern. Verfiel kurz nach dieser sachlichen Feststellung dem Wahnsinn.

Pablo Picasso: Marketinggenie auch posthum. Beinahe so erfolgreich wie Paloma Picasso.

Marcel Proust: Französischer Autor, dessen Gedenkstätten sich in Paris nur auf dem linken Seineufer (oder dem rechten, was weiß ich, aber bestimmt nur auf einem von beiden) befinden. Literarisch wie persönlich ziemlich das Gegenteil von James Joyce, mit dem er einen Abend lang Gesprächsverweigerung betrieb.

Salomo: alttestamentarischer Prediger oder König oder beides. Meinte, dass es nichts Neues unter der Sonne gäbe, was in Kärnten, wo sie mit dem Tod Jörg Haiders vom Himmel fiel ohnedies irrelevant ist. Erwin Chargaff hingegen schrieb, dass es nichts Altes unter der Sonne gäbe. Die beiden haben sich aufgrund einer Altersdifferenz von ein paar tausend Jahren leider nie getroffen.

Lucius Annaeus Seneca: Philosoph und Lehrer, durch die Erziehung Neros in dieser Hinsicht ebenso gescheitert, wie Aristoteles, der Alexander den Großen erzog. Beging stoisch Selbstmord, was bei einem Stoiker, der Suizid begeht, nicht wahnsinnig verwundert, ihn aber eher als konsequenten Menschen auszeichnet, denn als Lehrer.

Friedrich Schiller: Liebhaber faulender Äpfel, drechselte wie Goethe aus lauter Sprichwörtern Dramen (etwa: „Du sprichst ein großer Wort gelassen aus."). Anders als Goethe, aber allemal kribbliger und ein bisserl revolutionärer. Und früher tot.

Arnold Schönberg: Begründer der Zwölftonmusik, einer Richtung, in der es darum geht, mit nur 12 Tönen jede Harmonie zu vermeiden. Kaum jemand hat Schönbergs Virtuosität in dieser raren Kunst je erreicht.

Arthur Schopenhauer: Mieselsüchtiger Stilist der deutschen Sprache mit riesigen Koteletten. Wollte berühmter als seine Mutter werden. Nun ja, Gratulation!

Karl Valentin: Bayerischer Bühnenphilosoph, der mit dem Ausspruch: „Kunst ist schön, macht aber viel Arbeit" beinahe zum Klassiker realsozialistischer Ästhetik avanciert wäre. Aber eben nur beinahe.

Max Weber: Klassiker der Soziologie. Aber auch von seinem spröden Fach abgesehen, ein sehr, ja sehr, ja! sehr kluger Kopf. Lesen!

Oscar Wilde: Dandy aus Dublin, der selbstkritisch anmerkte, er wäre als irischer Dichter dazu verdammt, in der Sprache Shakespeares zu schreiben. Tja, wenn man diejenige Puschkins nicht beherrscht.....

Erwin Wurm: Österreichischer Künstler und daher von Weltgeltung.

Charmante Hochstapler, raffinierte Fälscher, trickreiche Betrüger. -

KUNST
KRIMI
FÄLLE
ANDREAS CWITKOVITS
METROVERLAG

verlagsbüro w. gmbh
info@metroverlag.at

Gesamtherstellung: CPI Moravia Books Gmbh
Printed in the EU
ISBN 978-3-902517-88-3